Ernst Otto-Luthardt
Patrizia Balocco

REISE DURCH

NORWEGEN

STÜRTZ VERLAG WÜRZBURG

RICA
PARKEN HOTEL

REISE DURCH NORWEGEN

INHALT

16 **Land im Licht des Nordens**
16 Das Christentum als Königsmacher – 19 Höhepunkt und Niedergang – 20 Das 20. Jahrhundert – 20 Landschaft von atemberaubender Vielfalt – 21 Des Landes Herz schlägt im Süden – 22 Die Einsamkeit der Berge, der Ruhm der Täler: der Osten – 24 Fjordland und mehr: der Westen – 25 Unter der Mitternachtssonne – 26 Im Lande der Samen – 29 Die schönste Seereise der Welt

30 **Städte in menschlichen Dimensionen**
34 Oslo: Metropole ohne Streß – 38 Bergen: die Perle der Fjorde – 44 Ålesund und Tromsø: Städte aus dem Meer geboren – 50 Stavanger: vom Erdöl erneuert – 54 Røros: Land der Bergleute – 56 Trondheim: das alte Herz der Nation – 60 Narvik: an der Straße zum Nordkap

62 **Lockruf weiter Horizonte**
68 Land der Fjorde – 70 Ein Koloß aus Eis – 72 Wo Licht rar ist: der hohe Norden – 90 Nordkap: am Ende Europas

94 **Samen – das Volk des hohen Nordens**

108 **Nördlich des Polarkreises**
112 Die „Wand“ der Lofoten – 124 Svalbard: nur noch ein Schritt bis zum Pol

Links *Bergen ist unter anderem bekannt für seine farbige Altstadt. Die buntesten Häuschen findet man auf der Halbinsel zwischen dem Hafen und Puddenfjord.*

Rechts *Die riesige Granitwand des Prekestolen fällt bei Stavanger steil in die unglaublich blauen Fluten des Lysefjord.*

S.1 *Auf den Lofoten nördlich des Polarkreises fällt im Winter dichter Schnee; wenn nach der arktischen Nacht wieder die Sonne scheint, bringt sein Weiß die lebhaften Farben der Siedlungen erst richtig zum Leuchten.*

S.2/3 *Typisch für die Inselwelt der Lofoten: Fischerdörfer wie Hamnøy auf der Insel Moskenosøya. Doch ist inzwischen der Kabeljaubestand, stark zurückgegangen.*

S.4/5 *Der malerische Nærøyfjord zweigt ab vom Sognefjord, mit 220 Kilometer Länge der größte der Welt. Diese Meeresarme sind eigentlich frühere Gletschertäler. Durch Absenkung der Erdkruste wurden sie zu tiefen Buchten.*

S.6/7 *Ålesund in der Provinz Møre og Romsdal zählt zu den bedeutendsten Fischereihäfen Norwegens. Die Stadt, ist berühmt für ihre Jugendstilbauten.*

Vesterålen
Lofoten
BODØ
Svartisen
ATLANTISCHER OZEAN
Røssvatnet
Børgefjell
Frøya
Hitra
Trondheimfjord
TRONDHEIM
Trollheimen
Dovrefjell
Jostedalsbreen
Jotunheimen
RØROS
Glittertind
Sognefjord
Gudbrandsdal
BERGEN
Hardanger-Jøkulen
LILLEHAMMER
Hardangerfjord
Mjøsensee
Hardangervidda
OSLO
Glama
Boknafjord
STAVANGER
Oslofjord
NORDSEE
KRISTIANSAND
Skagerrak

NORDKAPP
Sørøy
Arnøy
Vanna
Ringvassøy
Kvaløj
TROMSØ
Senja
Andfjord
Ofotfjord
Varange
halbinsel
Barentsee
Haltiatunturi
Finnmark
SCHWEDEN
FINNLAND
RUSSLAND

OVENPAA
OVENPAA
BAR
Carlsberg
PIZZA
MEXICO

RiGGEN
Dickens
VG STORKIOSK NATTÅPENT
PIZZA
Dickens

LAND IM LICHT DES NORDENS

Man schreibt das 793 als das KLOSTER LINDISFARNE an Englands Nordostküste zum Schauplatz eines der frühesten Kommandounternehmen der neueren europäischen Geschichte wird. Die schmalen Schiffe mit den quergestellten Segeln und den furchterweckenden Drachenköpfen am Rumpf sind schnell und ihre Besatzungen nicht minder. Man zerstört, plündert, mordet. Hinterläßt dem erschreckten christlichen Abendland seine nordisch-heidnische Visitenkarte. Dem ersten spektakulären Coup der Wikinger, wie sich diese wilden Seefahrer (nach den *viken*, den Buchten ihrer Heimat) nennen, folgen zahllose andere. Auch das Operationsgebiet wird immer größer. Kein Meer ist den bärtigen Kriegern zu groß, keine Beute zu weit. So beginnt man sie nicht nur in Europa, sondern auch an den Küsten Kleinasiens zu fürchten...

Die Berührungen blieben indes auch für die Wikinger nicht ohne Folgen. Sie erkannten schon bald, daß Raub nur eine (und nicht immer die lohnendste) Form des Besitzerwerbs ist, daß auch der Handel Vorzüge hat, und daß Landnahme auf Dauer größeren Profit verspricht als spontane Beutezüge. So faßten die Nordmänner im wahrsten Sinne des Wortes in England, Schottland und Irland, auf den Shetland- und den Orkney-Inseln sowie in jenem Teil des heutigen Frankreich Fuß, der noch heute ihren Namen trägt – in der Normandie. Sie entdeckten und besiedelten nicht nur Island, sondern erreichten auch – lange vor Kolumbus – amerikanischen Boden (das heutige Neufundland).

S.12/13 *In früheren Jahrhunderten waren Kriege und Brände die gefürchtetsten Feinde des architektonischen Reichtums von Norwegen. Doch in den Hauptstraßen von Stavanger stehen noch viele alte Holzhäuser. Stavanger, heute eine der wichtigsten Erdölstationen der Nordsee, ist eine der ältesten Städte des Landes.*

S.14/15 *Ganz im Norden Norwegens liegt das Reich der Samen, häufig auch Lappen genannt. Das Zelt ist die traditionelle Behausung dieses noch immer überwiegend als Nomaden lebenden Volkes. Es besteht aus einem Gerüst aus Birkenstangen, das mit Rentierfellen bedeckt wird.*

Rechts *Ein Fjord in der Provinz Sogn og Fjordane. Allein die Festlandküste Norwegens erstreckt sich über 21000 Kilometer. Ihre unglaubliche Vielfalt reicht von schroffen Klippen im Norden bis zu sanften Hügeln und grünen Wiesen am Rande der Fjorde.*

Das Christentum als Königsmacher

Neben Gütern und Sklaven wurde – von der breiten Bevölkerung ungewollt – auch der christliche Glaube importiert. Das heißt, einer der vielen Kleinst- und Kleinkönige, Harald Schönhaar vom Oslofjord, erkannte die große Chance, mit der neuen Religion große Politik machen zu können. Denn das auf eine einzige Gottheit ausgerichtete Christentum eignete sich in idealer Weise dazu, auch die weltliche Herrschaft eines Einzelnen zu legitimieren. So setzte sich Harald selbst an die Spitze des Reiches, nachdem er seine Widersacher, die südwest-norwegischen Kleinkönige, besiegt hatte. Dies geschah um das Jahr 885.

Die Christianisierung verlief schleppend, nicht selten blutig und – sie wurde listig unterlaufen. Während man in den sich entwickelnden Städten die Gotteshäuser aus Stein zu bauen begann, manifestiert sich das Festhalten der ländlichen Bevölkerung an den Traditionen der Wikingergesellschaft auch in der besonderen Architektur der Stabholzkirchen. Die meisten dieser einst über 800 hölzernen Gotteshäuser brannten später ab, etliche wurden in Freilichtmuseen überführt, und nur noch etwa 25 stehen an ihrem ursprünglichen Platz. Das wohl bekannteste ist die Kirche von BORGUND (MØRE OG ROMSDAL). An den Giebeln die Drachen drohen mit weitaufgerissenen Mäulern, und die Pforte ist mit einer hohen „Geisterschwelle" gesichert. Tragende Elemente sind die um den Hauptraum gruppierten Masten *(stav)*: Die Konstruktion der alten Wikingerschiffe lebt hierin, an Land, fort...

Höhepunkt und Niedergang

Um 1260 besaß das norwegische Reich seine größte Ausdehnung, ein Jahrhundert darauf begann jene 400 Jahre währende (Zwangs-)Union mit Dänemark, die notwendigerweise in einem Verlust der gerade erst erwachenden eigenen Identität gipfeln mußte. In den Stürmen der Geschichte drohte das einst so mächtige Schiff Norwegen mehrmals unterzugehen, und 1814, nach dem Friedensschluß von Kiel und der Proklamierung eines ersten Grundgesetzes, traten die Schweden an die Stelle der Dänen.

Der 597 Meter hohe Fels Prekestolen verdankt seinen Namen der vollkommen rechteckigen Form. Wie von einer gigantischen Kanzel schaut man von hier auf den Lysefjord und die gletschergeformte Landschaft.

Das 20. Jahrhundert

Erst 1915 wurde Norwegen ein eigenständiger Staat – was jedoch die seit Beginn des 19. Jahrhunderts wogende Auswanderungswelle nach Amerika auch nicht stoppen konnte. Der Neutralität im Ersten Weltkrieg folgte die Besetzung des Landes durch die deutsche Wehrmacht im zweiten. Dies war die zweite historisch bedeutsame Invasion durch die Deutschen nach der Kolonie deutscher Handelsherren und Handwerker, die um 1250 mitten in Bergen entstand und das wirtschaftliche Leben des Reiches kontrolliert – als Staat im Staat mit eigener Gerichtsbarkeit. Die dritte begann in den siebziger Jahren, und ein Ende ist noch nicht abzusehen. Besonders zu Zeiten der Sommerferien in Deutschland ergießt sich ein nicht enden wollender Strom von Autos und Caravans aus den stählernen Leibern der großen Fährschiffe, der bisweilen die Straßen ins Landesinnere verstopft und sich nur langsam auflöst.

Natürlich kommt man zuallererst der grandiosen Natur wegen. Nimmt die moderne Infrastruktur gern in Kauf ohne groß darüber nachzudenken, daß diese erst in den letzten Jahrzehnten mit Macht geschaffen wurde. Neben den althergebrachten Erwerbsquellen wie Schiffbau und -fahrt, Fischfang und Holzwirtschaft haben sich in Norwegen eine ganze Reihe anderer Wirtschaftszweige wie die Montan- und Schwerindustrie (Titan-, Zink- und Kupferbergbau), Leichtindustrie und Petrochemie sowie längst auch diverse High-Tech-Betriebe verschiedenster Ausprägung etabliert.

Die alte Wikingermentalität lebt am ehesten auf den Ölplattformen in der Nordsee fort. Mit dem Spürsinn eines Entdeckervolkes und in der Nachfolge von Forschern wie Fridtjof Nansen, Roald Amundsen und Thor Heyerdahl ist man auf bedeutende Öl- und Gasvorkommen gestoßen. Heute sind sie der wichtigste Wirtschaftsfaktor des Landes und der hauptsächliche Grund dafür, daß das einst so arme Land nunmehr das dritthöchste Pro-Kopf-Einkommen Europas hat.

Landschaft von atemberaubender Vielfalt

Nicht ganz so sehr wie die (auch sprachlich isolierten) Finnen – aber deutlich spürbar – leiden auch die Norweger an der etwas abseitigen Geographie ihres Landes. Doch ihr listiges Rechenexempel, sich vom nördlichsten Zipfel Europas näher an dessen Mitte zu mogeln, geht auf. Es besagt,

Die prunkvolle Kathedrale von Trondheim gilt als der bedeutendste mittelalterliche Sakralbau in ganz Skandinavien. Gegen Ende des 11. Jahrhunderts von König Olav III. gegründet, wurde die Kirche mehrfach – auch durch Brände – zerstört und einige Male umgebaut. Querschiff und Kapitelsaal sind im romanischen Stil gehalten, der Rest des Bauwerks ist gotisch gestaltet. Erst kürzlich wurde die fein gearbeitete Fassade vollendet.

Oben *Tromsø, das heute 55 000 Einwohner hat, wächst seit den 30er Jahren enorm. Damals war die Stadt als „Tor zur Arktis" weltbekannt, denn hier starteten Roald Amundsen und Umberto Nobile ihre Expedition zum Nordpol.*

Unten *Holz war früher das bevorzugte Baumaterial Norwegens: überall zu bekommen und leicht zu handhaben. Auf diese Weise waren die Städte aber auch ständig dem Risiko schwerer Feuersbrünste ausgesetzt, so daß der gut erhaltene Zustand des malerischen Bergbauörtchens Røros eine große Ausnahme darstellt.*

daß die Hauptstadt OSLO genau auf halbem Wege zwischen Italiens Nordgrenze und dem NORDKAP liegt und relativiert zugleich alle zentraleuropäischen Maßstäbe von Entfernungen und deren motorisierter Überwindung. Das spüren vor allem jene Erstreisenden, die nach der Fährankunft in KRISTIANSAND, LARVIK oder OSLO ihr Tagesziel anpeilen und spätestens nach hundert Kilometern begreifen, daß man hierzulande froh sein muß, wenn man diese Entfernung (ohne Pause) in zwei Stunden bewältigt.

Vom KAP LINDESNES im Süden bis zum NORDKAP sind es genau 1752 km – Luftlinie. Wiederum im Gegensatz zu Finnlands schnurgeraden Straßen sind jene Norwegens jedoch oft kurvenreich und verschlungen. Ständig stellen sich Berge, Fjorde, Seen in den Weg. Immerhin liegen ein Viertel des Territoriums über 1000 und zwei Drittel noch über 300 Meter. Während man die großen Berg- und Gletschermassive ohnehin umfahren muß, werden – vor allem im Fjordland – die Straßen ständig durch das Wasser unterbrochen; man ist auf Fähren angewiesen (insgesamt rund 200 im ganzen Land). Und: Hätten sich die Norweger nicht auch als wahre Meister im Tunnelbau erwiesen, wären die Wege noch länger...

Des Landes Herz schlägt im Süden

Ein Drittel aller Norweger lebt in OSLO und Umgebung. Die Metropole zählt trotzdem nicht einmal eine halbe Million Einwohner. Das schönste Entree ist jenes durch den Oslofjord, der wie eine lange dünne Nabelschnur die Hauptstadt des Landes mit der Nordsee verbindet. Viele Touristen sehen sich bereits an den atemberaubenden Bildern bei der Einfahrt satt – und fahren schnell weiter ins Land. Vielleicht noch, in Eile, das Wikingerschiffmuseum oder Shopping in der AKER BRYGGE und eventuell die skulpturenübersäte Vigelandanlage im FROGNERPARK. Das malerische, von Wald umgebene OSLO hat das Pech, nur Präludium zu einem noch grandioseren Naturszenario zu sein.

Die Norweger selbst mögen die Südküste, das SORLANDET, offenbar mehr als viele deutsche Touristen. Gibt es doch hier mit die schönsten Sandstrände des Landes und mit 17-18° C die höchsten sommerlichen Wassertemperaturen – für Einheimische kein Grund zur Abstinenz. Bei Sonnenschein gleißt der helle Sand mit dem Weiß der Holzhäuser um die Wette. Wer sich jedoch die Zeit nimmt, erfährt, daß der Süden mehr zu bieten hat als Sand- und Holzhausidyllen. Vom zentralen Ausgangspunkt KRISTIAN-

SAND wären die Städtchen und Orte entlang der Küste eine Möglichkeit zur Exkursion. Seefahrerromantik bieten zum Beispiel die alten Stadtviertel von FLEKKEFJORD, LILLESAND, MANDAL, ARENDAL, FREDERIKSTAD oder TØNSBERG. In ÅSGÅRDSTRAND kann man auf den Spuren des Malers Edvard Munch, in GRIMSTAD oder VENSTØP auf denen des Literaten Henrik Ibsen wandeln.

Von besonderem Reiz ist der dichte Schärengürtel; auf der Insel MERDØ gibt es über diese einmalige Landschaft aus Wasser und eingesprenkeltem Land sogar ein sehenswertes Museum. Für die zweifellos schönste Verbindung zwischen der Küste und dem Landesinneren (bei HAUKELIGREND südlich der legendären Hochfläche HARDANGERVIDDA) hat der Fluß Otra über Jahrmillionen vorgearbeitet: Das SETESDAL. Es bietet Romantik pur: Mächtige Berge, dichte Wälder, wilde Flußpassagen, einsame Dörfer, lohnende Skiorte, alte Gebräuche und Handwerke (Silberschmiede).

Die Einsamkeit der Berge, der Ruhm der Täler: der Osten

Die Statistik besagt, daß auf den rund 325 000 Quadratkilometern Landesterritorium 4,27 Millionen Menschen leben, das wären durchschnittlich 13 pro Quadratkilometer – was aber im Konkreten nicht stimmt. Auf einem schmalen Küstenstreifen von rund einem Dutzend Kilometern Breite sind mehr als drei Viertel der Bevölkerung konzentriert. Ein altes Seefahrervolk wie das der Norweger sucht das Meer beziehungsweise dessen Binnenabteilungen, die Fjorde oder auch die Seen. Der Fischfang war über alle Zeiten hinweg zumindest Teil der Existenzsicherung.

Dieses fast heilige maritime Prinzip gab man nur ungern auf; es sei denn um einen außergewöhnlichen Preis. Im Falle der Bergbaustädte KONGSBERG und RØROS waren es reiche Silber- beziehungsweise Kupfervorkommen. Nachdem die Knappen 1957 – nach vierhundert Jahren – ausgezogen sind, können jetzt die Touristen in das Bergwerk, die KONGENS GRUVE, einfahren. Zumindest was die oberirdische Hinterlassenschaft betrifft, ist jedoch die ehemalige Kupferstadt RØROS um einiges attraktiver. Die rotbraunen, hölzernen Arbeiterwohnhäuser stehen unter UNESCO-Schutz.

Wer nicht gleich von OSLO den Weg über Lillehammer gewählt hat, findet im herrlich gelegenen Bergort LOM noch einmal die Möglichkeit, zwar nicht in alle vier, so doch

zumindest in drei Winde zu fahren, nach Süden, Westen und Osten – was in diesem Lande ziemlich selten ist. JOTUNHEIMEN, das „Land der Riesen", liegt südlich dieses Kreuzungspunktes. Die höchste Paßstraße Norwegens führt 1430 Meter hoch und mitten durch diese bizarre Welt von wilden Bergen und Hochflächen ohne Ende, von gefrorenen und lebendigen Wassern (Gletschern, Seen und Wasserfällen). Umgeben ist das felsene Reich der Riesen von gleich mehreren, nicht minder gewaltigen Gipfeln: Der JOSTEDALSBREEN im Westen ist Europas größter Gletscher. Zweitausender gibt es sowohl im HORUNGER-GEBIRGE (südwestlich) als auch im DOVREFJELL (nordöstlich), wo u.a. wilde Rentiere und Moschusochsen heimisch sind. Um von JOTUNHEIMEN dorthin zu gelangen, muß man das GUDBRANDSDAL queren: Von den drei großen Tälern, die die Landschaft Ostnorwegens mit prägen, ist es – neben VALDRES und HALLINGSDAL – zweifellos das berühmteste. Dies liegt zum Teil an seinem Namensgeber Dale-Gudbrand, der seinerzeit der Christianisierung durch den später heilig gesprochenen König Olav den größten Widerstand entgegengesetzt hatte. Andererseits sprengen auch diese Täler – wie die Berge ringsum – gewohntes Maß. Das GUDBRANDSDAL ist über 200 Kilometer lang und endet im Süden nahe LILLEHAMMER. An der alten Straße zwischen den Bergen wuchsen relativ viele Siedlungen. Einst waren es die norwegischen Könige, die sie gen Trondheim, ihrer Krönungsstadt, durchzogen haben, heute sind es die Touristen, welche die Idylle althergebrachter bäuerlicher Lebensweise inmitten einer herrlichen Naturszenerie für sich beanspruchen.

Stichwort LILLEHAMMER: Die olympischen Anlagen vom Winter 1994 sind durchs Fernsehen in aller Welt bekannt. Wer das Städtchen heute besucht, erlebt es wieder ruhiger. Der Besichtigung wert ist – im Sommer – das schönste Freilichtmuseum des Landes, MAIHAUGEN. Wintersport hingegen läßt sich – auch in Norwegen – anderswo viel billiger betreiben.

Als Hauptstadt, Regierungssitz und Residenz der Könige ist Oslo mit mehr als einer halben Million Einwohner auch die bevölkerungsreichste Stadt Norwegens. Sie liegt herrlich inmitten des tiefen, weitverzweigten Oslofjords, der das ganze Jahr über eisfrei bleibt. Den häufig frequentierten Touristenhafen beherrschen die massiven Zwillingstürme des Rathauses. Dieses Wahrzeichen Oslos wurde zwischen 1933 und 1950 gebaut.

Fjordland und mehr: der Westen

Zwischen dem beängstigenden Gefühl, von hundert Meter hohen Felswänden erdrückt zu werden und dem Triumph, Himmel und Göttern ganz nahe zu sein, liegen des Fjordlands Straßen: Mit Kurven, bei denen der Vergleich mit einer Haarnadel fast Untertreibung ist, sowie Steigungen oder Gefällen, die Fahrzeug und Chauffeur alles abverlangen. Die bekanntesten dieser Serpentinenwege sind die Adlerstraße (9 km) und der TROLLSTIGEN. Wo das Auto sich quält, hat die Bahn es nicht leichter. Noch bis in die sechziger Jahre war die zu Beginn unseres Jahrunderts unter unvorstellbarem menschlichen und materiellen Einsatz erbaute Bergensbanen – vom Flieger abgesehen – die einzige ganzjährig durchgängige Verbindung zwischen dem Osten (OSLO) und dem Westen (BERGEN) des Landes. Wenn die Paßstraßen längst gesperrt waren, kämpfte sich der Zug als dünner schwarzer Strich durch das endlose Weiß der sturmgepeitschten Hardangervidda, Europas größte Gebirgshochfläche. Noch beeindruckender freilich ist eine Stichstrecke der Bergensbanen: Zwischen der Talstation FLÅM und der Eisenbahnersiedlung MYRDAL liegen Welten – liegen 900 Meter Höhenunterschied, 20 Kilometer Schienen, ein Gefälle von bis zu 5,5 %, schwindelerregende Abgründe, Tunnels, Holzüberbauungen, ein Zwischenstopp am 200 Meter hohen KJOSFOSSEN (Wasserfall).

Einen idealen Ausgangspunkt, um von der Küste aus den Westen des Landes zu erkunden, bildet BERGEN. Die Stadt ist nicht nur groß (für norwegische Verhältnisse), sondern auch wunderschön. Von Wasser und hohen Bergen umkränzt, vom Golfstrom liebkost, erstrahlt sie im heiteren Charme ihrer Holzhausviertel und blumenbunten Gärten und erinnert auf Schritt und Tritt an vergangene imperiale (Königssitz ab 1217) und hanseatische Vergangenheit. Die spitzgiebeligen Wohnhäuser der deutschen Kaufleute und Handelsherren aus dem 14. bis 16. Jahrhundert zählen zu den meistbesuchten Sehenswürdigkeiten der Stadt. Der Kontrast zum weiter nördlichen ÅLESUND ist nicht nur in der Größe und Bevölkerungszahl begründet (215000 zu 35000 Einwohner). Während die Substanz des alten Bergen bis in das Mittelalter reicht, mußte ÅLESUND nach dem verheerenden Stadtbrand von 1904 seine Jahre neu zählen. Entstanden ist eine heiter-ausgelassene Jugendstilstadt, die auf drei Beinen (sprich: Inseln) im Meer steht und ihre Gäste regelrecht verzaubert.

Stichwort Meer: Selbst nüchterne Geographen bestätigen dem Produkt der Vermählung von Meer und Land –

Fröhlich wirken die bunten Holzhäuser in den engen Altstadtgassen von Bergen. Die Metropole, in der Vergangenheit und Moderne eine harmonische Verbindung eingehen, gewährt tiefen Einblick in die nordische Mentalität: Auf Tradition legen die Norweger großen Wert.

Norwegens Westküste – Einmaligkeit auf unserem Globus. Die Umarmung ist so heftig, das Land so eingerissen, so gespalten durch Buchten und Fjorde, daß die Uferlinie zwölfmal länger ist als sie bei halbwegs geradem Verlauf wäre. Die beste Gelegenheit, dieser Begegnung der Elemente ganz nahe zu sein – ohne allzuviel Zeit bei der Durchreise zu verlieren – ist die Fahrt auf der „Atlantikstraße" zwischen VEVANG und KÅRVÅG nahe KRISTIANSUND. Kühne Ingenieure und Straßenbauer haben Felsen und Inseln auf acht Kilometern durch Dämme und Brücken verbunden. Nicht wenige Touristen fühlten sich hier schon bei stürmischem Wind wie in einem Unterseeboot.

Und die Fjorde? Die Wahl fällt nicht leicht. Ein Muß sind der HARDANGERFJORD zur Obstbaumblüte, sowie der NAERØFJORD, Europas schmalster und eigentlich ein Kind des großen, 180 Kilometer langen SOGNEFJORDS. Sein Ende duldet nicht einmal eine Straße; so muß der Blick vom Schiff aus und fast kerzengerade zu den 1000 Meter hohen Gipfeln schweifen. Ebenfalls ein Sproß des Sognefjords ist der FJÆRLANDSFJORD. Er reicht fast an die beiden südlichsten Zungen des JOSTEDALS-Gletschers heran. Nicht zu vergessen Norwegens bekanntestes Postkartenmotiv: der GEIRANGERFJORD, ein Fest der Sinne – aber nicht zu Ferienzeiten!

Unter der Mitternachtssonne

Wie alle Skandinavier dosieren auch die Norweger ihren Lebensrhytmus, ihr Temperament den Zeiten des Jahres entsprechend. Geben sich heiter und ausgelassen während der hellen Sommernächte und still und zurückgezogen an den dunklen Wintertagen. Besonders die Mitternachtssonne jenseits des Polarkreises bringt nicht nur Tage ohne Ende, sondern auch Verstand und Gefühle mächtig durcheinander. Wartet doch dann zum Beispiel die innere Uhr vergeblich auf den Einbruch der Dunkelheit, um das Signal zum Schlafen zu geben...

Wer sich auf den Weg in den weiten, einsamen Norden Norwegens macht, hat in der Regel das Absolute im Sinn: das NORDKAP. Dort leuchtet die Mitternachtssonne von Mitte Mai bis Ende Juli. Der Ort der Begierde liegt auf einer Insel. Von deren Hauptort HONNINGSVÅG sind es noch einmal reichlich dreißig Kilometer durch eine monotone, kahle Landschaft bis zum Kap. Dieser, um es korrekt zu sagen, nördlichste Aussichtspunkt unseres Kontinents ist zu einem wahren Wallfahrtsort geworden. Kritiker sehen dort inzwischen mehr Kommerz als Natur, die man sowieso nur bei schönem Wetter wahrnimmt. Immer präsent und in Erinnerung hingegen bleiben die zahllosen Souvernierläden und die nicht wenigen Möglichkeiten, für teures Geld Billiges zu essen. Und es gehört schon einige Phantasie dazu, sich vorzustellen, daß hier zwar der Kontinent, aber nicht das Land Norwegen endet, sondern erst weit draußen im Nordmeer. Die Inselgruppe SVALBRAD, hierzulande besser bekannt unter dem Namen der Hauptinsel, SPITZBERGEN, liegt „nur" gut 1000 Kilometer vom Nordpol entfernt.

Im Lande der Samen

Man weiß es nicht so genau, aber es sollen heute zwischen 40000 und 60000 Angehörige jener rätselhaften Urbevölkerung sein, die – einst über Südfinnland kommend – in den unwirtlichen Norden gedrängt wurde und dort eine auf die Rentierjagd und (später) -zucht basierende Kultur begründete. Ihre ursprünglichen Jagd- und Weidegebiete sind längst durch Ländergrenzen zerschnitten, die einst so freien Nomaden des Nordens – gewissermaßen über Nacht – zu russischen, finnischen, schwedischen und (in der Mehrzahl) norwegischen Staatsbürgern geworden. Die viel einschneidenderen Veränderungen innerhalb der samischen Gesellschaft werden vielleicht am besten durch jene Bilder verdeutlicht, welche die Rentierzüchter im Sommer mit Hubschraubern und im Winter mit Motorschlitten beim Zusammentreiben der Herden zeigen...

Wer sich über Geschichte und Gegenwart der norwegischen Samen informieren möchte (die seit 1989 ein eigenes „Parlament" besitzen) und dazu ein echtes kunsthandwerkliches Mitbringsel sucht, ist in KARASJOK am rechten Platz. Für mehr und tiefere Einblicke, in den Alltag, in das Denken und Fühlen und nicht zuletzt in ihre Küche wäre

Wie eine einzige Bergkette, die sich bis zum Horizont erstreckt, erscheinen die Lofoten. »Lofotwand« wird der Archipel häufig auch genannt, obwohl die Inseln durch schmale, für ihre starken Strömungen berüchtigte Meeresarme voneinander getrennt sind - nicht umsonst ließ Jules Verne in seinem Bestseller »20 000 Meilen unterm Meer« genau hier die Nautilus des Kapitän Nemo versinken.

S.28/29 *Norwegen ist das Land des weiten Raums. Hier leben ungefähr viereinhalb Millionen Einwohner auf einer Fläche von 323 895 Quadratkilometern, aber nur 4% des Staatsgebietes werden vom Menschen genutzt.*

indessen die persönliche Einladung zu einer Samenfamilie vonnöten. Während der steinhart getrocknete Rentierschinken kräftiges und geduldiges Kauen erfordert, ehe er den Gaumen verwöhnt, gibt es im Falle des Gulaschs (mit Preiselbeeren) den Preis ohne solchen Fleiß. Auch der Lachs scheint nirgends so frisch und schmackhaft wie hier.

Die schönste Seereise der Welt

Fremdenverkehrsleuten vor allem gerät der Superlativ ziemlich leicht von den Lippen beziehungsweise aus der Feder. Darin zumindest machen auch die ansonsten zurückhaltenden Norweger keine Ausnahme, preisen die 11 Tage währende und über 2500 Seemeilen führende Fahrt mit einem der rund ein dutzend Postschiffen der Hurtigruten als „Die schönste Seereise" der Welt. Und jene Touristen, welche die Probe aufs Exempel machen und sich von Bergen bis Kirkenes einschiffen, stimmen begeistert in das Loblied ein – was etwas heißen will angesichts der so zahlreichen und mannigfaltigen Möglichkeiten, dieses Land auf dem Wasserweg zu erreichen, zu umfahren oder zu durchqueren.

Das erste Postschiff, das im Sommer 1893 die Städte und die abgelegenen Siedlungen an Norwegens zerfranster Nordwestküste verband, war die „Vesteraalen"; das – vorläufig – letzte die „Kong Harald", genau 100 Jahre später. Waren es dazumal Einheimische, nebst Post, Gepäck und anderer – auch tierischer – Fracht, so sind es heute vor allem Fremde, die das risikodosierte Abenteuer suchen und für ihr gutes Geld auch Komfort verlangen. So findet man zumindest auf den modernen Schiffen nicht nur die üblichen touristischen Möglichkeiten und Angebote wider die Langeweile, sondern auch kostümierte Gesellschaft wie auf dem Wiener Hofball.

Wie dem auch sei – die ungewöhnliche Reise ist auch heute noch ein Abenteuer. Besonders viel sieht man natürlich während des (kurzen) Sommers, wo die Nächte zum Tag werden. Die Faustregel lautet: Je größer die Kommunen, desto höherer Frachtumschlag, desto mehr Zeit für Landgang (insgesamt 36 Häfen) und Sight-Seeing. Da wären zum Beispiel TRONDHEIM mit prächtiger historischer Bebauung und, als Höhepunkt, der Nidaros-Dom. Oder TROMSØ, dessen Flair von den vielen Studenten geprägt wird, und HAMMERFEST, die nördlichste Stadt der Welt.

Den Polarkreis sieht man natürlich nicht, obwohl – so die Berichte – auch heute noch mancher Tourist mit und ohne Fernglas nach ihm suchen soll...

STÄDTE IN MENSCHLICHEN DIMENSIONEN

Rechts Der Grensen ist eine der bedeutendsten Arterien der Stadt. Beiderseits der breiten Straße von der Domkirche zum Schloßpark - der grünen Lunge Oslos im Stadtzentrum - liegen Geschäfte, Boutiquen, Restaurants und die In-Lokale.

Oslo ist die älteste Hauptstadt Skandinaviens. Im 11. Jahrhundert von König Harald Hårdråde gegründet, blieb es eine Ansammlung von Häusern um die Kathedrale, bis König Håkon V. es um 1300 zur Hauptstadt ernannte. Die unter ihm erbaute Festung Akershus beherrscht noch immer den Hafen. Ihr heutiges Aussehen verdankt sie dem Wiederaufbau unter Christian IV. im 17. Jahrhundert.

Links In den letzten fünfundzwanzig Jahren erlebte Oslo einen ungeheuren Bauboom; rund um Hafen und Bahnhof sieht man nun überall moderne Gebäude.

S.32/33 Oslo hat viel Interessantes zu bieten: Aker Brygge, einst Hafen- und Werftgelände, hat sich erst in den letzten Jahren zu einem lebhaften Einkaufs- und Kulturzentrum gewandelt.

KappAhl
GlasMagasinet
SPISE
SAL
BAR
Gjæstgiveri
BORG
SALG

ALFEN
OSLO

Ringnes
Coca-Cola
Coca-Cola

Oslo: Metropole ohne Streß

Oslo ist die einzige wirkliche Großstadt Norwegens. Die kosmopolitische Stadt, ein nationales und internationales Kommunikationszentrum, ist Universitätssitz und Drehscheibe sämtlicher wichtigen finanziellen Transaktionen. Trotzdem kennt Oslo keine Hektik, der Lebensrhythmus ist heiter und gelassen. Selbst mitten im Zentrum kann man sich jederzeit wunderbar entspannen und erholen.

Unten In den 20er Jahren schuf Gustav Vigeland für die Stadt Oslo ein gigantisches bildhauerisches Werk: Seine 150 Skulpturengruppen im Frognerpark stellen die Lebensalter und Gefühle des Menschen dar. Die Vigelandanlage ist eine Touristenattraktion, auch wenn die künstlerische Qualität seiner Statuen umstritten ist.

Rechts Das Rathaus von Oslo ist beinahe selbst eine Art Museum zeitgenössischer norwegischer Kunst. Mehr als hundert Künstler des Landes haben Skulpturen, Fresken und Bilder für seine Innenräume geschaffen.

Links Am Ende der Karl Johansgate, einer der Hauptstraßen Oslos, steht das mächtige klassizistische Schloß. In seinem herrlichen, öffentlichen Park gehen die Osloer gerne spazieren.

Rechts Im Frognerpark, der schon wegen der Skulpturen Gustav Vigelands berühmt ist, liegt auch das Osloer Stadtmuseum. In dem Schlößchen aus dem späten 18. Jahrhundert lassen sich mehrere Säle mit Originalmobiliar aus der Romantik bewundern.

Die evangelische Domkirche ist der bedeutendste Sakralbau der Hauptstadt. Ende des 17. Jahrhunderts errichtet, wurde sie im letzten Jahrhundert wiederaufgebaut, erweitert und schließlich nach dem Zweiten Weltkrieg aufwendig restauriert.

Drei originale Wikingerschiffe stehen in der berühmten Wikingerschiffshalle, dem wohl bekanntesten Museum Oslos. Das reich geschmückte Osebergschiff ist am besten erhalten; in ihm wurde eine Königin bestattet. Ihre wertvollen Grabbeigaben sind ebenfalls erhalten.

Bergen: die Perle der Fjorde

Links Bergen, die zweitgrößte Stadt Norwegens und sein bedeutendster Nordseehafen, liegt im innersten Winkel des Byfjords am Fuße mehrerer Hügel. Die im 11. Jahrhundert gegründete Stadt bewahrt noch viele Zeugnisse vergangener Epochen. Sie genießt aber auch als Zentrum zeitgenössischer Kultur einen guten Ruf.

Oben Am Ende des Hafens liegt der Torget; hier wird täglich unter freiem Himmel Markt gehalten. Neben Souvenirs, Blumen und Früchten gehören die verschiedensten Fische der Nordsee fangfrisch zum Angebot. Die Krabben- oder Lachsbrötchen direkt an Ort und Stelle zu verzehren, sollte man sich wirklich nicht entgehen lassen.

Eines der bedeutendsten Baudenkmäler von Bergen, die Marienkirche, wurde im 12. Jahrhundert in romanischem Stil errichtet. Die Nüchternheit der Fassade wird von einem herrlichen Portal gemildert. Das Kircheninnere schmücken ein prächtiges Triptychon aus dem 16. Jahrhundert und reich verziertes barockes Mobiliar.

S. 41 Unten Zur Anlage des Bergenhus gehört auch der Rosenkrantz-Turm. Im 16. Jahrhundert ließ jener Gouverneur ihn vergrößern und verschönern, dessen Namen er jetzt trägt. Die gesamte Festung wurde im Zweiten Weltkrieg schwer beschädigt. Sorgfältige Restaurierungsarbeiten konnten dem Denkmal seinen ursprünglichen Glanz jedoch zurückgeben.

Rechts Im Mittelalter entwickelte sich Bergen, das der Wikingerkönig Olav Kyrre 1070 gründete, vorübergehend zur Hauptstadt Norwegens und zum wichtigsten Hafen Skandinaviens. Von dieser ruhmreichen Epoche zeugt noch die mächtige Festung des Bergenhus. Hinter ihren Mauern liegt die Håkonshalle, eine prunkvolle Empfangshalle in gotischem Stil.

S.42/43 Viele Reisende, die es besuchen, halten Bergen für die schönste Stadt Norwegens. Die bunten Häuser stehen im Bryggen, dem alten Stadtviertel, das deutsche Kaufleute der Hanse zu Beginn des 14. Jahrhunderts gründeten.

ggsallmenningen
MADAM FELLE
Bryggen Souvenir A.S.

Tax

Ålesund und Tromsø: Städte aus dem Meer geboren

Die Kirche von Ålesund wurde nach dem verheerenden Brand von 1904 1909 im Jugendstil wiederaufgebaut; das Kircheninnere, von bemerkenswerten, bunten Glasfenstern erhellt, malte Enevold Thømt von 1918 bis 1928 aus. 1988 erhielt die Stadt den renommierten Nationalpreis Houen für ihre Leistungen zugunsten der Bewahrung des architektonischen Erbes. Ålesund ist die einzige komplett in der Ästhetik des Jugendstils erbaute Stadt der Welt.

S.46/47 Am Sundhafen von Ålesund liegen malerische Häuser, die ursprünglich als Lagerschuppen und Werkstätten für die Fischverarbeitung dienten. Heute werden sie perfekt restauriert als Wohnhäuser, Bürogebäude oder elegante Restaurants genutzt.

S.48/49 Als Provinzhauptstadt ist Tromsø eine der bedeutendsten Siedlungen in der norwegischen Arktis. Schon im 13. Jahrhundert entstand die Stadt auf einer kleinen Insel. Erst seit 1960 aber verbindet eine aufsehenerregende, 1036 Meter lange Brücke sie mit dem Festland.

T. BERSET A/S

Stavanger: vom Erdöl erneuert

Stavanger ist nach der Zahl seiner Einwohner die viertgrößte Stadt Norwegens. Der Hafen des großen Industriezentrums genießt internationale Bedeutung. Obwohl die Stadt in den letzten Jahrzehnten beachtlich gewachsen ist, konnte die Hauptstadt der Provinz Rogaland durch den Erhalt zahlreicher Bauten aus vergangenen Epochen ihren ursprünglichen Charme bewahren.

Der Bau des Doms, des herausragenden Bauwerks von Stavanger, wurde im Jahr 1125 im anglonormannischen Stil begonnen. Der Wiederaufbau nach dem großen Brand von 1272 geschah mit gotischer Prägung. Die Außenmauer der Apsis zwischen den beiden Türmen verschönern vier Heiligenfiguren. Das Innere birgt eine prächtige barocke Kanzel aus dem Jahr 1658.

Røros: Land der Bergleute

In der Provinz Sør-Trondelag liegt der alte Bergwerksort Røros. Seinen ältesten Teil bilden malerische kleine Holzhäuschen. Arbeiter der Kupfermine, darunter viele Deutsche, bauten sie seit der Mitte des 17. Jahrhunderts. Heute ist der alte Teil von Røros, dessen Häuser zum Schutz gegen die strengen Winter meist mit Gras gedeckt sind, ein vielbesuchtes Nationaldenkmal. Im Sommer finden hier kulturelle Veranstaltungen von internationalem Rang statt.

Trondheim: das alte Herz der Nation

Trondheim liegt an den Ufern des riesigen gleichnamigen Fjords, mitten in Norwegen. Die Universitätsstadt mit großem Handelshafen und Industriezentrum ist stolz auf ihre malerische Altstadt. Insbesondere die jahrhundertealten Lagerschuppen und Stapelhäuser am Hafen, die heute zum Wohnen genutzt werden, sind eine Besichtigung wert.

Oben Die Kristiansten-Festung wurde nach dem schrecklichen Brand, der 1681 einen großen Teil Trondheims vernichtet hatte, von dem französischen Architekten Jean Caspar de Cicignon erbaut.

Unten Über den Fluß Nydelva, dessen Mündung schon bei Gründung der Stadt zu einem lebhaften Sundhafen ausgebaut wurde, spannt sich die Bybrua, eine grazile Ziehbrücke aus dem vergangenen Jahrhundert

Über dem Grab von Olav Haraldson, dem Herrscher, der das Land christianisierte, steht in Trondheim der Nidarosdom, eines der besonders geschichtsträchtigen Bauwerke Norwegens. Die Kirche aus grünem Speckstein ist zum Teil das Werk englischer Baumeister, die sich am Vorbild der Kirche von Lincoln orientierten. Die zahlreichen Statuen an der Fassade stellen biblische Figuren, Heilige und weltliche Herrscher dar.

Narvik: an der Straße zum Nordkap

Narvik in der norwegischen Arktis ist von großer wirtschaftlicher Bedeutung für das Land. Hier werden Eisenerze aus dem schwedischen Bergwerksort Kiruna verschifft. Die Pfarrkirche, (links oben) zählt zu den wenigen Gebäuden, die im Zweiten Weltkrieg verschont blieben. Die Stadt war von strategischem Interesse für die Deut-

schen wie für die Alliierten gleichermaßen. Im Wechsel hielten sie sie besetzt. Narvik wurde schwer zerstört, präsentiert sich aber heute als lebendiges, zukunftsorientiertes Städtchen. Im Sommer besuchen viele Touristen die Stadt auf dem Weg zum Nordkap.
Den besten Blick auf Narvik und den Ofotfjord hat man vom Aussichtspunkt von Fagernesfjell (rechts), zu dem eine Seilbahn hinaufführt. Aus einer Höhe von 1270 Metern kann man hier auch von Ende Mai bis Mitte Juli das Phänomen der Mitternachtssonne bestaunen.

LOCKRUF WEITER HORIZONTE

Rechts Der Geirangerfjord ist einer der schönsten in ganz Norwegen. Zwischen hohen überhängenden Steilwänden verläuft sein gewundenes Bett. Wasserfälle stürzen in ihn hinab, deren poetische Namen - Die Sieben Schwestern, Der Freier, Der Brautschleier - sich in den örtlichen Sagen wiederfinden.

Ein Fischernest auf der Insel Magerøya auf den Lofoten. Norwegen ist nach Island das am dünnsten besiedelte Land Europas; die Menschen leben über das ganze Land verstreut in kleinen Ortschaften, insbesondere an der Küste. Weniger als ein Viertel der Bevölkerung wohnt in der Stadt.

Auf den Lofoten fallen Steilwände und Hügelkämme in ein rauhes Meer hinunter, das seit der Zeit der ersten Siedler die einzige Quelle des Lebensunterhalts darstellte. Schwer vorstellbar, wie man hier den harten arktischen Winter durchhält.

Von dem kleinen Ort Flåm am Ende des Aurlandsfjord führt die steilste Bahnlinie der Welt nach Myrdal, einem Bahnhof an der Strecke Oslo-Bergen. Dem Reisenden bieten sich einmalige Naturschauspiele, zumal der Zug gelegentlich in beträchtlicher Höhe an überhängenden Steilwänden entlangfährt. Die Strecke stellt eine eisenbahntechnische Glanzleistung unseres Jahrhunderts dar, auf die ganz Norwegen stolz ist. In den Sommermonaten hält der Zug kurz vor Myrdal eigens, damit die Touristen einen wenige Meter entfernt herabstürzenden Wasserfall (rechts unten) bewundern können.

S.66/67 Vom Aussichtspunkt Stalheim schweift der Blick über das Nærøytal auf seinen berühmten Fjord. Von Gudvangen, wo die Fähre von Flåm anlegt, führt eine kleine Straße über zwanzig sehr steile Kehren an der Bergwand entlang - eine echte Herausforderung!

Land der Fjorde

Eine Fahrt auf dem Nærøyfjord, dem engsten dieser Meeresarme Norwegens, kann sehr poetisch sein. Eingeschlossen zwischen wild gezackten, unberührt wirkenden Bergen, führt der Fjord zu einem kleinen, noch von wenigen Familien bewohnten Dorf. Isolation und die erschwerte Verbindung mit dem Rest der Welt machen ihnen offenbar nichts aus.

„Wie ist das salzige Element hineingedrungen mit seinen Ungeheuern der Tiefe? Wer öffnete ihnen den Weg, wer schickte sie in diese tausendfach gewundenen Felsen, in diese enggähnenden Spalten...Sie sind da, diese wundersamen Fjorde, und wie ist der Tag zu preisen, an dem sie entstanden."

(Theodor Mügge: Reise durch Skandinavien)

Ein Koloß
aus Eis

Die Zungen des Jostedalsbreen, der größten Gletscherdecke in Kontinentaleuropa, führen immer noch durch die engen Täler, die die alten Gletscher gebahnt haben. Über fünf Kilometer zog sich das Gletscherende während der letzten 200 Jahre zurück und hinterließ ein Moränental, in dem sich dieser kleine See (links) bildete.

Wo Licht rar ist, der hohe Norden

Seit den 60er Jahren läßt der stete Rückgang der Kabeljauschwärme die Bevölkerung auf den Lofoten schwinden. Heute erinnern noch Hunderte von kleinen roten Häusern *(rorbu)* entlang der Küste an bessere Zeiten; inzwischen mieten Touristen sie. Ihre rote Farbe verdanken die *rorbu* der Tatsache, daß roter Lack früher besonders preis-

wert war. Wohlhabende hielten ihre Häuser ganz in Weiß, der teuersten und empfindlichsten Farbe.

S.74/75 Wenn man von Tromsø weiter nach Norden vordringt, erscheint die Landschaft in ihrer Weite immer surrealer. Die wenigen Häuser öffnen ihre Fenster nach Süden, um möglichst viel Licht und Wärme zu speichern.

S.76/77 Der Kvænangsfjord in der Finnmark, wie er plötzlich vor den Augen des Autofahrers auf der E6, der Straße zum Nordkap, erscheint. Die nördlichste Provinz Norwegens ist größer als Dänemark, aber nur 80 000 Menschen leben hier.

Arktische Tundra beherrscht die Landschaft der Finnmark. Nur an wenigen windgeschützten Orten weicht sie spärlicher Buschvegetation mit Birken und Zwergweiden. Schneeschmelze verwandelt die Wasserläufe in wilde Sturzbäche.

Die Natur der Finnmark - hier in der Nähe von Karasjok - ist genau das Richtige für Liebhaber von Einsamkeit und Weite. Die Norweger genießen es. Oft ziehen sie sich in die *hytter*, kleine Holzhütten einsam mitten im Wald, zurück.

Links Von der Höhe des Flydalsjuvet genießt man einen spektakulären Blick auf den Ort Geiranger am gleichnamigen Fjord, der wegen seiner heiteren Atmosphäre zum Pflichtprogramm der Kreuzfahrt- und Bootstouristen gehört.

Unten Die Umgebung von Åndalsnes an der Stirnseite des Romsdalfjord ist wegen ihrer Berge sehr beliebt. Kletterer aus der ganzen Welt versuchen sich an ihren anspruchsvollen Gipfeln. Einige Wände zählen zu den höchsten und steilsten der Welt.

S.82/83 Die zehn schwindelerregenden Kehren des Trollstigen bilden den wohl abenteuerlichsten Abschnitt der „Golden Route", jener Straße, die Åndalsnes mit dem herrlichen Geirangerfjord verbindet.

S.84/85 Seen, Berge und wilde Vegetation bedecken einen großen Teil des norwegischen Staatsgebietes, nur 3% werden intensiv landwirtschaftlich genutzt. Viele Lebensmittel können dennoch von den über 100 000 Bauernhöfen Norwegens in genügender Menge produziert werden. Nicht selten liegen sie in abgeschiedenen, aber landschaftlich reizvollen Gegenden.

Von der pittoresken Ortschaft Geiranger führt eine steile Straße über etwa zwanzig Serpentinen nach Djupvasshytta, einem Aussichtspunkt auf 1038 Meter Höhe am Ufer eines kleinen Sees, der bis zum Frühsommer zugefroren ist. Dieses wildromantische Gebiet überragt der mächtige Dalsnibba-Berg.

S.88/89 Der arktische Sommer ist kurz, aber intensiv. Auch wenn die Durchschnittstemperatur selten über 15°C steigt, verwandeln sich die wenigen Ebenen in grüne Wiesen, die das nötige Heu für die Fütterung der Herden im langen Winter liefern. Jenseits des nördlichen Polarkreises gibt es schon in geringen Höhen kaum noch Hochstammvegetation; oberhalb einer Höhe von 400 Metern wachsen nur noch dünne Flechten.

Nordkap: am Ende Europas

Links Die Insel Magerøya eröffnet wunderbare Panoramen - auf abgeschiedene bunte Häuser oder eine Bucht, deren Blau mit dem des Himmels wetteifert. Viele Besucher versäumen diese Eindrücke, weil sie sich nicht zu diesen äußersten Breitengraden des Kontinents vorwagen.

Rechts „Stille legte sich über das Land, man hörte nur das leichte Säuseln des Windes und von Zeit zu Zeit einen Vogelruf." Die nüchterne Prosa Knut Hamsuns - Nobelpreis für Literatur 1920 - paßt gut zu den großartigen, einsamen Landschaften auf der Insel Magerøya, wo die Europastraße E6 endet. Zum Nordkap ist es nicht mehr weit.

Das Nordkap, der nördlichste Punkt des Kontinents, liegt auf 71° 10' 21" nördlicher Breite auf der Insel Magerøya. Der Weg zum Kap führt durch dürre Landschaft bis zu einer ins Meer überhängenden Plattform. Eigentlich ist die Halbinsel von Knivskjelodden (links am Horizont zu sehen) noch ein wenig nördlicher, aber die schönere Lage gab den Ausschlag zugunsten Magerøyas, als man entschied, wo das europäische Straßennetz enden sollte.
Mit seinem Denkmal in Form eines Globus (rechts unten) wird das Nordkap viele Besucher enttäuschen, die glaubten, hier „die letzte Grenze" zu erreichen. Den Duft der Wildnis sucht man hier vergebens, insbesondere seit dem Bau eines Besucherzentrums mit seinem Souvenirrummel und seiner 220°-Leinwand. Zu viele Touristen, zuviel Beton, zu viele Autos. Dennoch, auf der langen Fahrt von Alta über grauen Asphalt durchquert man aufregende Landschaften. Die Ankunft am Nordkap bedeutet eher das Erreichen einer mentalen Grenze. Abenteuerlich wird erst die Weiterfahrt bis zur Halbinsel von Varanger oder nach Kirkenes an der Grenze zu Rußland.

„Die Barbaren zeigten uns die Gegend, wo die Sonne sich schlafen legt ...Dort laufen im Sommer die Tage und im Winter umgekehrt die Nächte durch, und es muß Gebiete geben, in denen nur einmal im Jahr Tag und Nacht ist."

(Pytheas von Massilia 350 v.Chr.)

SAMEN – DAS VOLK DES HOHEN NORDENS

Die Samen, deren Ursprung noch im Dunkeln liegt, sind die wahren Herren des hohen Nordens. Viele sind als Bauern und Fischer seßhaft geworden, einige leben aber immer noch als Nomaden von der Rentierzucht. Heute sitzen Abgeordnete der Samenstämme aus den arktischen Gebieten Norwegens, Schwedens, Finnlands und Rußlands in einem eigenen Parlament; es gibt einen samischen Radiosender sowie eigene Zeitungen. Die Sprache der Samen ist dem Finnischen verwandt.

Rechts Zur charakteristischen Tracht der samischen Männer gehören eine schwere blaue Tunika mit roten Bändern und bunten Borten, die von einem Gürtel zusammengehalten wird, und Hosen aus Rentierfell. Die Frauentracht ist länger und glockiger geschnitten, dazu wird ein Franseschal getragen. Je nach Stammeszugehörigkeit tragen vor allem die Männer sehr unterschiedliche Kopfbedeckungen.

Zur Osterzeit treffen sich die Samen in den Hauptorten ihres Siedlungsgebiets zu Festen und Wettbewerben. Unter den vielen Sportarten stechen insbesondere Schlittenrennen mit Rentieren und Lassowerfen hervor.
Das Leben der Samen ist heute sicher bequemer als der knochenharte Alltag früherer Zeiten, doch wird es noch immer vom strengen Polarklima und der enormen Weite des meist öden Landes bestimmt.

Heute zählen die Samen zwischen 40 und 60 000 Menschen; drei Fünftel unterstehen der norwegischen Verwaltung. Bei der großen Frühlingsversammlung in Kautokeino zu Ostern feiern viele der auch auf Finnland, Schweden und Russland verstreuten Familien fröhlich ihr Wiedersehen.

S.98/99 Das Schlittenrennen übertrifft alle anderen Geschicklichkeitsübungen. An allen Wettbewerben können Frauen wie Männer teilnehmen. Die Bezeichnung Lappen gefällt den Angehörigen dieses Volkes im übrigen nicht besonders; sie halten sie für abwertend und setzen sich seit langem für den alten Namen ein: Das Wort Samen bedeutet Volk und erinnert an die Zeit, als sie noch unangefochtene Herren einer ansonsten unbesiedelten Welt waren.

POST
69

Nach dem Ende der Wettkämpfe gehen alle Teilnehmer zur Messe. Im 17. Jahrhundert traten die Samen der lutherischen Religionsgemeinschaft bei, aber man spürt noch Überreste ihres alten animistischen Glaubens. Dies ist vor allem das Verdienst einiger junger Künstler, die sich darum bemühen, die Wurzeln ihres Volkes neu zu entdecken.

Hochzeiten bieten den Familien der Brautleute eine willkommene Gelegenheit zur Wiederbelebung alter Traditionen. Bei solchen Zeremonien trägt man stolz die sorgfältig gearbeiteten Trachten. Alle Frauen und Mädchen legen aufwendigen Schmuck aus Silber an, jenem kostbaren Metall, das in Lappland an mehreren Stellen gefördert wird.

Die Rentierherden wählen auf der Suche nach Futter stets dieselbe Route. Die Samen müssen ihnen hinterherziehen. Im Frühling werden die Jungtiere einzeln gefangen, fest an den Hörnern gehalten und markiert. Ein kleiner Einschnitt unterhalb des Ohrs zeigt nun an, wem das Tier gehört.

Das Lasso zieht sich um die Hörner des Tieres zusammen. Zahlreiche Samen haben das Nomadendasein bereits aufgegeben und leben jetzt in den Städten des Nordens. Das Festhalten an den Traditionen verlangt angesichts der Segnungen der Wohlstandsgesellschaft viel Durchhaltevermögen. Auf der anderen Seite gibt es gerade unter den jungen Leuten viele mit einem starken kulturellen Selbstbewußtsein, die sich für die Bewahrung der alten samischen Überlieferung einsetzen.

S.106/107 Im Alltag hat der Schneescooter längst die Langlaufski und den traditionellen Schlitten ersetzt. Die Rentierzucht ist aufwendig und anstrengend, lohnt sich aber immer noch, obwohl nach dem Reaktorunglück von Tschernobyl Tausende von Tieren geschlachtet werden mußten. Inzwischen hat sich die samische Wirtschaft wieder erholt, auch dank mancher Gesetze zur Unterstützung von Tourismus und Kunsthandwerk.

„Dort ist Eis und Schnee, dort ist es herrlich und gut! Dort springt man frei umher in den grossen glänzenden Tälern! Dort hat die Schneekönigin ihr Sommerzelt, aber ihr festes Schloss ist oben, nach dem Nordpol zu, auf der Insel, die Spitzbergen genannt wird."

(Hans Christian Andersen: Die Schneekönigin)

NÖRDLICH DES POLARKREISES

Rechts Auch die kleinsten Buchten wie die von in Hamnøy bieten den Fischerbooten eine sichere Zuflucht vor den wütenden winterlichen Sturmfluten; nicht selten erreichen hier die Winde eine Durchschnittsgeschwindigkeit von über 120 Stundenkilometern, so daß der Schutz der umliegenden steilen Felsen hochwillkommen ist.

Die Inselgruppe der Lofoten (links) zwischen dem 68. und 69. Breitengrad bildet einen 190 Kilometer langen Archipel, der im Norden den großen Vestfjord abschließt. Zu den Hauptinseln Rostlandet, Værøy, Moskenosøya, Flakstadøya, Vestvågøya und Austvågøya kommen zahllose kleinere, unbewohnte Inseln. Von der Küste aus gesehen wirken die Lofoten wie eine einzige Bergkette, die sich aus dem Meer erhebt.

Die roten *Rorbu* (links unten) stehen am alten Hafen in Stamsund, einem der Hauptorte auf der Insel Vestvågøya, wo die Zeit stehengeblieben zu sein scheint.

S.110/111 Erstaunlicherweise sind die Lofoten trotz ihrer Lage hoch im Norden dichter besiedelt als das norwegische Festland. Viele Siedlungen ähneln dieser in der Nähe von Laupstad.

Die „Wand" der Lofoten

Links Mitte April bei Smorten an einem eiskalten Tag - die gefrorene Wasseroberfläche spricht für sich. Die höchsten Gipfel der Lofoten sind etwa 1200 Meter hoch, wirken jedoch durch ihre Staffelung sehr viel höher, insbesondere aus der Ferne.

Unten Knapp 25 000 Menschen leben auf den Lofoten, 4500 von ihnen in der Kleinstadt Svolvær, der Hauptstadt des Archipels an der Südküste der Insel Austvågøya. Der früher lebhafte Fischerhafen Svolvær verwandelt sich zur Zeit in einen Urlaubsort, der bei norwegischen und schwedischen Künstlern hoch im Kurs steht.

Zwar sind die Lofoten während der Wintermonate regelmäßig eingeschneit, aber das Klima ist durch die Auswirkungen des Golfstroms weniger eisig als an anderen Orten auf demselben Breitengrad.

S.114/115 Zum Großteil bestehen die Lofoten aus Granitfelsen, die durch die Aktivitäten der Quartärgletscher fast senkrecht zerschnitten wurden.

S.116/117 Den Schutz der vielen Buchten, Sunde und Seen haben sich die Bewohner der Lofoten – wie in diesem kleinen Ort bei Svolvær – beim Bau ihrer Dörfer zunutze gemacht.

Links Henningsvær auf Austvågøya ist einer der Hauptfischerorte der Lofoten. Zwischen Januar und März kommen Hunderte von Schiffen und Tausende von Fischern aus ganz Norwegen, um Kabeljau zu fangen, der um diese Zeit zum Laichen ins eisige Wasser des Vestfjords zurückkehrt. Der Fischreichtum ist darauf zurückzuführen, daß die Wassertiefen und die starken Strömungen Kabeljau- und Heringsschwärme unwiderstehlich in den Lofotfjord ziehen.

S.120/121 Das winterliche Eis verstärkt den Eindruck, auf den Lofoten am Ende der Welt zu sein.

Links Von den Felsen hinter dem kleinen Hafen von Stamsund schweift der Blick zur Lofotwand - eine herrliche Aussicht sogar an stürmischen Sommertagen, wenn die ständig herantreibenden Regenwolken und die seltenen Sonnenstrahlen ihr Spiel mit Licht und Schatten treiben.

Unten Das *rorbu*-Örtchen Nusfjord auf der Insel Flakstad geht auf das 16. Jahrhundert zurück. Da man nur übers Meer oder eine entmutigend schlechte Straße hierher gelangt, blieb es eine so charakteristische Lofoten-Siedlung, daß sich sogar die UNESCO für seine Erhaltung einsetzt.

Auch Utakleiv (rechts und unten) ist ein bezaubernder, abgeschiedener Winkel auf den Lofoten. Die meerzugewandte Siedlung auf der Insel Vestvågøya wird nur mehr von einem Dutzend Familien bewohnt. Bei Sturm kann die Fahrt hierher zum Abenteuer werden.

Svalbard: nur noch ein Schritt bis zum Pol

Die Spitzbergen-Inselgruppe (Svalbard) liegt knapp 1000 Kilometer Luftlinie vom Nordpol entfernt. Im gesamten Archipel leben außer Rentierherden und Eisbären etwa 1200 Norweger und ebensoviele Russen, größtenteils im Kohlebergbau beschäftigt. Niemand läßt sich langfristig hier nieder, aber einige bleiben mit ihren Familien für einige Jahre – auch im Winter, wenn die Temperatur mehr als 45°C unter Null sinkt.

S.126/127 Teil des Nordenskjold-Gletschers vor der russischen Siedlung Pyramiden.

Schutzumschlag vorne Stavanger. Trotz des Ölbooms in den 70er Jahren ist die einstige Heringsfängerstadt noch immer idyllisch.

Schutzumschlag hinten Zwei Samenkinder im Schnee von Kautokeino, einem der bedeutendsten Zentren des norwegischen Lappland.

Unten Im Hafen von Oslo ankert zur Erinnerung an die ehemaligen Herren dieses Landes die Nachbildung eines Drakkar, des typischen Wikingerschiffs.

Die Deutsche Bibliothek - CIP-Einheitsaufnahme
Reise durch Norwegen / Ernst-Otto Luthardt.
Übers.: Anne Brauner. - Würzburg : Stürtz, 1996
Einheitsacht.: Norvegia <dt.>
ISBN 3-8003-0695-6
NE: Luthardt, Ernst-Otto; Brauner, Anne [Übers.]; EST

Schutzumschlag, Typografie:
Margarita Mengele, Würzburg
Übersetzung (Bildunterschriften):
Anne Brauner, Köln

Gestaltung: Patrizia Balocco

ISBN 3-8003-0717-0

BILDNACHWEIS
Marcello Bertinetti/ Archivio White Star: S. 14/15, 102, 103, 104/105, 106/107.
Alle übrigen Photographien in diesem Band stammen von:
Giulio Veggi/White Star.